바다는 누가 올려다보나

허유미

시인의 말

다시, 바다로 왔다.

모든 시는 안으로 잠수하는 일.

물속엔 아직,

말이 되지 못한 것들이 떠다닌다.

2025년 가을

허유미

바다는 누가 올려다보나

차례

1부 어멍 속말 들어 보라

숨비소리	11
섬	12
뿔소라 편지	14
게우	16
첫 물질	18
제주이다	20
상가	22
바다는 누가 올려다보나	24
증언	26
불턱	28
날설어올적	30
소라 통조림 공장	32
겨울의 속도	34
물속 품	36
엄밧동산 서녘 밭	38
빌레못굴	40
보리 익을 때면 멜 철이다	42

2부 희망은 부끄러운 적이 없다

여름비	47
다섯 살 섬	48
슬픔은 부력을 잃지 않는다	49
돗 추렴하는 날	50
느영나영	52
언니가 온다	54
전복죽	56
백중사리	58
게우젓	60
밭담	62
제주 새천년 북한 감귤 보내기	64
제주호	66
나의 다락이었네	68
난바르 물질	70
할망 손지	72

3부 바다는 봄 소라를 기억하고

무리는 세상에서 가장 큰 고독	77
엄마는 나를 바다로 기억했다	79
소꿉놀이	80
엇갈리는 말	82
행복	83
마정	84
물끼	86
봄 바다	88
성게	90
움딸	92
신비스러운 고독	94
상선약수	96
통개 신방	97
4월의 사과	98

4부 수평선으로 가자

오름 떡볶이	103
난파 후	104
퇴물 해녀	106
수평선으로 가자	108
아이스 아메리카노	110
끝없는 바람	112
마방목지	114
길 안에 길	116
브로콜리	118
안전의 힘	120
하품	122
그림자 시인	124
예고편	126

해설

모두의 어머니이자 딸인 당신에게	128

―장은영(문학평론가)

1부
어멍 속말 들어 보라

숨비소리

파도는 조용히 철썩인다
엄마는 숨비소리 작게 내쉬고
다시 물속으로 들어간다
살기 위해
죽기 위해 매달리는 바다

섬

섬이 있다
내가 섬이라고 모르고 자라던 곳에
섬이 있다

밤새 돌아눕기를 반복하며
섬을 가늠했다

왼쪽으로 돌아누우면 절벽 같은 잇몸만 남은 할머니가
내 몸을 긁어 주다 거웃 털을 만지면 좋아했다

할머니는 밤마다 소녀를 토하여 나를 먹였다
와글와글 짠맛에 침을 뱉으면
높하늬바람이 일어
파도가 섬을 뚫을 것처럼 몰려오고
할머니는 웃었다
몸 안에 웃음은 남기지 말아야 할 것처럼
눈알이 빠질 듯이 고래고래 웃는 소리가

"니년도 니년도" 메아리로 소용돌이치는 것을 듣게
되면
　　갓 태어나 섬이 내뱉는 말을 배우는 거라고

　　섬이 있다
　　붙잡힌 적 없는데 끌려온 곳에

　　섬이 있다
　　밤새 신발을 찾으며 섬을 가늠했다

오른쪽으로 돌아누우면 엄마가 나를 당기며
"섬이 어디 있다는 거야?
내가 될 너밖에 안 보이는구나"
어디까지 섬일지 모를 섬이 있다

뿔소라 편지

두린* 딸아
뿔소라는 수족관에 오래 두면
뿔이 사라져 버린다

바다가 부아 나 창자를 뱉을 기세로
광란이 나면
배도 뒤집히고 물고기도 뒤집혀 튀어 오르고
반짝이며 살던 것들이
물살에 휩쓸릴 때

뿔소라는 바위 고냥에 뿔을 뻗어
물살을 견디며 애를 쓰며 산다
그게 뿔소라 사는 낙이지

그런 뿔소라 한 망사리 캐며 산다고
깊은 눈물 바다에 가라앉히지 말아라

바다에 있으면

세월에 휩쓸리지 않는다

세월이 나 못 데려가고 혼자 가는데
뭐라도 먹여 보내야 할 것 같아
무릎 내주고 이 몇 개 내주고 한 거다

내주고 나면 견디고 애쓰는 힘을 알아
내가 무서워 바다 광란도 멈추는 거다

어깨가 뒤틀린 게 아니고 뿔이 돋고 있는 거다

소라 철에는 사는 낙이 파도를 펄쩍 뛰어넘을 때이니
설운 아기처럼 전화하지 말아라

* '어린'의 제주어.

게우*

상처가 있다
얼굴 절반을 파묻혀 먹고 있다
먹히고 있어 보인다 해도 변명은 없다

상처 난 까닭을 알기 위해
어느 상처가 크고 작은지
재기 위해 우는 시간 대신
너와 게우를 먹겠다

하룻밤 게우를 들여다보아도
게우 생김새를 묘사할 수 없고
색깔조차도 말할 수 없는데
게우가 바다의 상처라고 가슴에 새긴다

거센 파도와 맞설수록 깊은 바다를 알수록
게우 맛은 진해진다
거세고 깊은 만남에 상처가 없다면
바다는 문장이 아니라 단어로 굳어졌을 거다

문장은 속을 볼 수 있고 단어는 속을 볼 수 없다
상처로 내 속과 네 속을 보아도
우리는 바다를 떠나지 않는다

상처받아도 상처를 줘도
삶이 성에 차지 않아서
너와 게우를 먹겠다

게우 맛은 상처가 상처를 걱정하는 맛
바다에서 놓치고 흩어진 것들은 상처로 남아
파도가 달려오다 넘어지는 것은
뭍에 상처를 주지 않기 위해서라는
게우의 말

나는 파도인지 뭍인지 고민하는 시간 동안
너와 게우를 먹겠다

* '전복 내장'의 제주어.

첫 물질

엄마는 담배를 물고 불안으로 늙고 있었다
노래를 따라가 보니 물속이었다
무슨 노래였는지 기억이 나지 않지만
일요일의 아침 햇살 같은 물빛이었다
섬에서 늙는다는 건 비밀이 될 수 없다
덜 먹고 덜 기대하고 덜 꿈꾸는 것이 비밀이었다
비밀을 없애기 위해 물에 드는 여인들의 노래는
바다의 상상이었다
여인들의 얼굴은 눈이 부시었다가 흐릿해졌다
명령은 아니었다 그렇다고 낭만도 아니었다
순전히 노래가 가는 방향이 물이었기 때문이다
불안과 비밀을 나눌 곳이 거기밖에 없었기 때문이다
노래는 시작은 있지만 끝은 없다 했다
돌고래만 지나는 물길을 잊어도
노래를 잊지 못하는 건 바다의 상상 끝에 가 보지 않았기 때문이다
물속에서 마주한 여인의 표정이 나이고
나는 여럿이고 봄밤이 가라앉고 있었다

노래는 춤인 듯하고 춤은 물의 윤곽인 듯했다
거기서부터 알면 된다는 듯 손금이 늘어났다
서툰 만큼 울어도 되는 곳
열다섯을 지나는 그곳에 나는 있었다

제주이다

제주 사람들은 살다 힘들면 어디로 가야 하나
드라마에서 살다 힘들면 제주로 오라 했는데

먼저 가 버린 사람을 향해 살아간다는
여인들이 바다에서 돌아올 때
몸 뒤에 굽은 길을 메고 왔다
서로가 닿을 수 있는 뿌리처럼 노래처럼

생일을 기억하는 날은 앓았다
물이 고막을 찢고 머리를 가득 채웠다
이런 날 여인들은 무자맥질을 한다
바다에 길들여지는 일이란
제 몸이 물의 뿌리라는 걸 아는 것
어둠 속에서도 바다를 쥐고 물어뜯으며
아슬아슬 뻗어 나가 온 섬을 감싸면
바다보다도 지독한 푸른 여자로 핀다고
떠나려면 제주를 버리지 말고
제주마저 업고 떠나야 했다

여인들은 메고 온 길을 부리고
수십 번 가슴을 쓸어내리며
이를 악물고 다시 물로 간다
살다 힘들면 별자리처럼 이어진 뿌리를 본다
네 힘으로 내 힘도 생긴다는 뿌리들 노래로
단단해진 울음이 제주이다

살다 힘들면 내 힘으로 네 힘도 생기는
뿌리가 되어 가는 중인 것이다
제주를 키우고 있는 중이다

상가

당구, PC, 은행, 농협, 문구, 사진관, 에스테틱
갑자기 섬사람들 사이로 파고드는
찻집에서 올려다보는 상가 글자들

난공불락 요새처럼 견고한 상가의 적은 상가
에스테틱에 가 본 적 없어서 에스테틱적이고
사랑을 멈추면 사랑의 적이 되고

며칠 전 쓴 시는 패잔병 걸음이었다
진눈깨비가 몸을 휘감아도
따뜻한 문장이 나오지 않았다

찻집은 텅 비고 마라탕 집은 붐볐다
후회와 실패의 알알한 전장을 혀는 매달린다
매달리는 것이 승리를 기다리는 맛인 줄 알고

상가의 적은 상가

공격을 받은 적 없는데
아물어야 할 마음을 적는다

저녁 별 뜨기 전 상가 네온사인이
거리를 채우면, 섬사람들은
현란함이 무거워 등 굽고 걷는다

바다는 누가 올려다보나

해발이 높을수록 아파트 분양가도 높다
천국 속살 같은 햇볕에 조경수는 자라고

바다로 뛰어드는 불굴의 투지를
투자로 바꾼 자는 영웅이 되어
바다를 바닥처럼 내려다본다

바다는 천국과 멀다
불굴의 투지가 투자가 되지 못하면
바다에 들러붙어 살아야 한다
 치통이 있는 어금니 방향으로 볼을 누르고 자는 것처럼

누가 높고 빛나는 곳을 천국이라 고정시켰을까?

기도드리며 기다림을 견디던 곳에 들어선 아파트에
불이 켜진 밤에는 바다에 배들이 사라지고
집어등 불빛으로 밥 먹던 풍경은

우리만 아는 것이 되었다

바다는 바다에서 빠져나갈 방법이 없다
길 끝이 바다인 걸 알면서도
매일 어머니께 "어디 가요?" 묻는다
묻고 나면 헉헉거렸다

증언

제주 가면 바람 없는 곳을 걷고 싶다는 지인에게
그런 곳은 없다 했다
나무가 없어도 바다가 없어도 땡볕이어도
새벽 한기처럼 바람은 분다

몸은 여기에 있는데
눈물은 저기로 데리고 간 듯

바람을 본 사람은 없으나
제주에 오면 누구나 바람을 입에 물게 된다

입안에 처음 들어온 악의 맛에
어떤 어휘로 표현해야 할지 몰라
노래를 끊은 사람
웃음을 끊은 사람
목숨을 끊은 사람

누군가의 기억 속에서

누군가의 흉터 속에서
방금 걸었던 길 속에서
겹겹의 바람이 밀려 나온다

제주에 오면 바람이 불어오는 동굴로
다랑쉬굴의 연기 속으로
스스로 걸어가고 있다는 것을 모르는 사람이 많다

불턱*

봄까치꽃 지나 청보리밭 지나
덤펑덤펑 발 빠지는 모래밭 지나
여기까지는 아는 곳일 거야

지나면

너럭바위 틈으로 눈이 몽글몽글 솟아나
나무 타는 소리, 뒤에 잔기침이
물살을 밀어내지
여기는 겨울을 오래 앓는 곳이야

바람에 파래진 속살들과
떠는 발
바라보다 웃다가 서로의 어멍처럼
앓는 해국은 앓는 숨비기꽃을 품어 주고
앓는 등은 앓는 허리를 품어 주고

어제 허우적대던 숨이

오늘 허우적대던 숨을 안아야
불을 볼 수 있는 곳
봄이, 남은 겨울을 다 지펴도
한 줌의 겨울이 계속 남는 건
추위를 나누며 닮아 가길 바라서야

그곳에선 모두 바다를 닮아 간다지
그런데,
그곳까지 가려면 뼈마디에
물 찬 소리가 나야 해

* 돌담을 쌓아 바람을 막고 노출을 피하기 위해 만든 곳. 해녀가 물질을 하다가 나와서 불을 피우며 쉬거나 옷을 갈아입는다.

날설어올적*

파도가 센 날은 갈치다방에 갔지

오간 데 많은 다방 레지들 속옷을
오갈 데 없이 앉아 빨았지
레지들 옷에서 사루비아가 피고
새털구름이 지나갔지 보송하고 말랑한 속살을 흉내 내듯
비누 거품이 가슴과 아랫배를 타고 흘렀지
바다에 들지 않아도 손에 물집이 잡히고 터지고
숨을 쥐어짜며 빨래를 했지
해가 설핏해져 사내들 몰려오면
다방 안을 가로지르고 나왔지
기지바지 입은 남편이 구두 흔들거리며
성냥 입에 물고 은빛 웃는 모습 몇 번 보았지
모래바람을 맞은 듯 종일 눈이 따끔거렸지

광목 물옷 입다가
첫애가 들어서자 고무 해녀복이 나왔지

몸에 물이 들어오지 않아 물질 오래 할 수 있어서
너도 나도 사는데
한 벌에
밭 두 마지기 값에 놀라
윗옷만 샀지
아래는 스타킹을 입으면 되니
스타킹은 다방 빨래해 주면
여러 벌 얻을 수 있었지

그런 물결도 있었지

* '우리 엄마 나 낳을 적에'라는 뜻으로 〈해녀 노 젓는 소리〉의 가사 일부이다.

소라 통조림 공장

엄마가 소라를 한 짐 캐면
나는 통조림 공장에 져 나르고
공장 마당에 나온 언니는 화상 입은 손으로 소라를 받는다

언니가 양철 깡통 위에 앉아
펄펄 끓는 소라 솥을 지켜보며
녹슨 파이프에서 떨어지는 물방울을 왈츠 리듬으로 세는 동안
나는 의자만 생각했다
왜 바다에는 의자가 없을까
왜 통조림 공장에는 의자가 없을까
누가 길에서 소라색을 물었을 때
이렇게 길게 되물어 대답을 했다

빛이 닿지 않는 곳엔
끓는 솥에서 새는 김 소리와
비늘처럼 쌓인 깡통 더미를 헤집는 소리가 짙었다

언니는 그 소리를 따라 발끝으로 왈츠를 추며
빈 소라 구멍 속에 노래를 넣어 주고 사라졌다

소라를 한 짐 내어 주는 엄마에게
이것이 희망인지 죽음인지 물었을 때
죽음이라도 다 건져 내면
바다에 희망이 남지 않겠냐 말하고 사라졌다

뜨거운 공장과 차가운 바다 사람들의
한쪽 눈에서 아침이 나오고
다른 한쪽 눈에서 밤이 새어 나왔다

겨울의 속도

얼굴을 버리고 왔다
어차피 우리는 알아볼 수 없고
눈동자는 종소리로 가득 찼기에

사슴은 해마다 류에게 울음을 배웠다
소라 껍데기 가득 실은 단추 공장* 리어카는
겨울의 속도처럼 여러 손으로 밀어도 움찔하지 않았다
그라인더는 제야 후렴구와 함께 한밤 넘어 돌아가고
포대 자루 로프를 풀면 어린 시다가
가지를 흔들며 나뭇잎을 따먹고 있다
밖은 별이고 안은 방향 잃은 먼지들이
구부러졌다 펴기를 반복하며
입안으로 떠나간 사랑의 문장을 넣어 준다
입김을 불면 치마에 싸인 아기가
깜박거리는 촛불을 빨다 목화 위로
쿨럭쿨럭 검은 아침을 쏟아 낸다
소라 껍데기가 동그란 주먹밥 같은 단추가 될 때

프레스 소리는 굴뚝만큼 솟아오른다
겨울을 건너는 류가 가슴을 치면
골목마다 사슴 우는 소리가 들렸다
알사탕 같은 눈이 가릉가릉 굴러다니고
류의 심장과 아기 심장을 맞대는 밤
단추 공장 창문 불빛들은 단춧구멍보다 촘촘해
류는 헐겁게 휘청거리는 허리를 눕힐 수 없고
느리게 배밀이 하던 달을 눈구름이 묻고 있다

* 소라 통조림 공장 옆에 단추 공장이 있었다. 소라 껍데기로 단추를 만들었다.

물속 품

모든 유토피아는 빛이 가득한 섬으로 묘사된다는데

아버지가 밤에 쳐 놓은 그물을
아침에 걷으면
그물 속에 그물을 치는 아버지가 가득했다

밥상에 떨어진 물방울 하나를 손가락으로 끌면
전체가 같은 방향으로 따라간다
꿈을 지고 가듯 위태롭게
꿈이 끊어지지 않도록 조심스럽게

물속에서 발소리는
귀에 돌을 던지는 것 같아

하루가 절규로 넘쳐흐르면
뭍은 환호로 받아 간다

손가락 따라가는 물줄기가 수척해지지 않도록

숨을 쥐어 붉게 빛나는 아버지 하관下顴

아버지의 수많은 신발이 하늘을 날아가는 밤
어둠 앞에서 질끈 감아 본 적은 없는 눈이
빛의 공포에 감기기도 한다

엄밧동산 서녘 밭*

아비 없는 아이를 낳았다는 소문이 시들 때쯤
산물**이 익었다
아이가 울 때 마른 젖을 빡빡 빨 때
산물을 씹었다
안간힘이란 단물을
우려내고 우려내는 일

겨울을 우리고 우려내면
가까이 오려는 사람이 있다
부르면 얼굴이 나타나고
만지면 붉은 숨 쉴 것 같은
또렷한 빛과 색으로 다가오려는 안간힘

산물 나무 사이에 두고 한 걸음 떨어져
마주 보고 서 있어도 뒤엉킨 삶을 잃어버려
산물을 씹는다 아기는 제 배고픈 울음을
잊고 기억하고 잊고 기억하는 안간힘으로
하루하루 크고 눈을 내리는 안간힘으로

겨울은 봄을 불러온다

1947년 3월 1일 제주는 사랑과 이념의 안간힘으로 죽음으로
공포와 탄압을 밀어내기 시작했다

* 1948년 12월 13일, 토벌대는 엄밧동산 서녘 밭에서 주민 48명을 공개 총살했다. 총살당한 주민 중에 할아버지가 있었다. 당시 할아버지는 등에 총을 맞고도 몸을 일으켜 "남로당 만세"를 불렀다. 다시 머리에 총을 맞은 할아버지는 결국 쓰러졌다. 할머니는 한 손으로 고모를 안고, 다른 한 손으로 배 속의 아버지를 안고 총살 장면을 내내 봐야 했다.

** '귤'의 제주어.

빌레못굴*

 아버지는 두더지 외눈박이 눈으로 나를 지하 방에서 키우셨네 나는 빌딩 아래의 언어만 듣고 자랐네 천장이 낮은 집에서 반음 낮춘 몸으로 서로에게 다가가 손톱에 입김을 불어 넣었네 가끔 손톱 끝에 분홍 파도가 치면 지상에 봄이 왔다는 것을 알았네 어둠 속에서 구부러진 이름을 꺼내 차례차례 펴는 소리가 우리의 유일한 노래네 가만히 들어 보니 아버지 울음이었네

 마을 아래 수군거리던 소문은 찢긴 새의 날개처럼 멀리 날아가지 못하고 계절마다 되돌아가지만, 지상 위 저버린 별과 달을 물고 와 더듬더듬 벽을 밝혀 주었네 우리가 바라보는 유일한 별자리이네 하루는 아버지가 상처 난 앞발을 밤새 핥고 있었네 반쯤 잘린 앞발은 몸을 지탱하지도 못하고 땅을 파지도 못하고 감자알처럼 아버지 옆구리에 매달려 있네 가만히 들여다보니 나였네

 이랑 밖으로 나와 햇살을 마주한 감자를 사람들은 독이라 자꾸 잘라 내려 하기에 감자는 이랑 밖으로 나

가지 않도록 서로의 얼굴을 흙 속으로 깊이 밀어 넣네 하루는 지상 위로 내민 아버지 얼굴을 사람들이 걷어찼네 아버지 볼이 푸르게 부어 있었네 아버지는 몸부림치듯 땅을 파 감자를 깊이깊이 밀어 넣네 눈이 있어도 서로를 외면하는 마을 아래 눈이 있어도 서로를 보지 못하는 우리, 우리가 모여 사네 가만히 들여다보니 서로의 의심과 미움 눈물이 모여 마을을 받치고 있네

*4·3사건 당시 제주 애월면 남읍리 빌레못굴에 숨어 피난 생활을 하던 마을 주민, 특히 여성과 어린아이 30여 명 가운데 29명이 군·경·민 합동 토벌대에 의해 집단 학살되었다.

보리 익을 때면 멜* 철이다

    마당에서 한편에 목욕물 데우던 큰 솥 두 개에 팥죽**이 가득했네 뒷집 삼춘은 할머니를 향 물로 닦고 백지와 솜으로 눈, 코, 입을 막았지 동녘 방에는 이모들이 모여 앉아 두건과 상복을 지으며 가끔 고개를 들어 바다 대신 올레 밖 보리밭을 보았고

    집 안 바케쓰와 양푼을 크기별로 모아 놓고 바가지로 팥죽을 퍼 담았다 바케쓰는 장례를 도와줄 가까운 친척과 괸당*** 집, 양푼이는 상두꾼 부탁할 집에 바삐 가져가 상을 알리니 염이 끝나고 상두꾼들은 바깥채에 빈소를 차리고 마당에 천막 치고 소낭**** 밭에 토롱을 만들었다 나는 지네를 잡으러, 할머니는 삭정이 주우러 가던 곳 양지보다 음지가 많은 곳이나 후릿그물 던져 놓은 듯한 보리밭과 멜 빛 동네를 내려다볼 수 있었다

    지관이 언제 왔다 갔을까 4·3 때 할아버지 돌아가시고 할머니가 재가했던 일이 있어 합장이 안 된다고 했지 안타까운 마음인지 흉인지 모를 소리, 팥죽 먹는 내내

듣다 곡 시간이 되면 얼굴을 가리고 곡을 했네

 장례 치르기 좋은 넓은 마당이었다 팥죽 있던 솥에 돼지를 삶고 창고 정리해 조문객 받을 준비를 했다 상집에 몰려드는 귀신들이 시끄러운 소리에 달아나야 한다며 멍석을 펴고 윷판을 벌이고 술상도 차려졌다 돼지고기 익는 냄새에 보채며 마당을 뛰어다니며 우는 아이를 몰래 불러 고기 한 점을 입에 넣어 주며 무 써는 칼질 소리, 그릇 세는 소리, 설거지 소리로 여자들은 울었다 밤새 마당에 불이 켜졌고 손은 새까맣고 보리는 누렇게 여물어 조등처럼 환했다

 일포 소식은 전화가 오는 소식보다 빠르게 바람을 타고 이쪽저쪽 갈라져 방향을 바꾸며 제주를 돌아다녔네 집안 첫 상이라 동네 넘어 오름 마주한 마을, 한라산 너머 마을, 물살 다른 바다 마을 손님들이 아침부터 집안이며 천막 아래 조문객으로 꽉 찼지 긴 상복 입고 고깃반과 밥을 내가면 몇째 손주냐 물음을 위로 대신 받았

지 세 번째 손주라 눈물로 대답할 겨를 없이 국을 내가고 나물을 내가고 또 손님을 받다 곡 시간이 되면 실컷 곡을 했네 멜 떼 같은 아이들은 여문 보릿가지를 꺾어다 명정銘旌처럼 흔들며 웃었던가

* '멸치'의 제주어.
** 제주에서는 장례 때 그 집안의 사돈댁에서 팥죽을 쑤어 온다.
*** '친족'의 제주어.
**** '소나무'의 제주어.

2부
희망은 부끄러운 적이 없다

여름비

할머니 잇몸으로 수박 반 통 잡수시고
밤새 수국 같은 요강에
오줌을 계속 누셨네
오늘 빗소리처럼

나비잠 자겠네

다섯 살 섬

흔들말에 앉아 폴폴 날리는
흙먼지 잡아먹던
어린 손
좌악 펴면 엄마가 온다

눈시울 붉어진 바다
계절도 잊고
시간도 잊고
그저 등에 업힌 채

엄마 배를 물결인 듯 만지며
좋아 좋아
웃을 때마다 켜지는 집어등
참았던 졸음이 가고 가고

슬픔은 부력을 잃지 않는다

스크루에 머리가 잘려 나가도
돌고래는 안다
지느러미에 업힌 게 제 새끼라는 걸

무리에서 뒤처져 혼자 세상 먼 거리를 앓아도
돌고래는 안다
업힌 새끼가 숨을 쉬고 있지 않다는 걸

물결보다 높이 새끼를 올리다
떨어지면 아래로 내려가
다시 받쳐 올리고
떨어지고 올리고 떨어지고

바다도 푸른 눈물
동동 구르고 있다는 걸
돌고래 새끼 숨 쉬며 놀고 울던 자리
찾아다니다 죽을 거라는 걸
세상 모든 어미들은 안다

돗* 추렴하는 날

얼마만큼 빨리 뛰었더라
이를테면
보리 널어 둔 날에 소나기구름보다 빠르게 하지만 신나게
돼지 내장 다 꺼내듯 모든 비밀 털어놓고 춤추면서
골목들 다 빠져나와도 달콤하게 뛰는 심장

삼 년에 한 번 딱 하루 동네에서 가장 부자 되는 날
친구들 먼저 손잡으며 졸졸 따라와 귓불이 간지러워 붉어질 때까지

전봇대에 목맨 돼지 아득바득대는 몸 따라
눈 가렸다 입 가렸다 못 보고 말 못 하던 병인년의 밤
생간 한 점 먹으면 보름밤 동안 무서운 게 없더라
도통**에서 똥 먹고 자란 돼지 살점 추잡한 욕보다 아름답더라

배를 가르기 전 유두가 딱딱해지도록

놀라움과 신비로움 뒤집힌 흰 눈자위에 다 꺼내 놓고 내지르는 탄성

"우리 집 돗 잡는다 우리 집 돗 잡는다"
있는 힘 다해 배고픔 참아 내듯 있는 힘 다해 배부르게 먹는 날
어둠도 당당히 어두운 날
삶은 돼지머리 껴안다 매 맞고도 몰래 돼지 혀 한 입 베어 물고
문지르면 뽀드득뽀드득 소리 나는 배에 달을 눕히자
반짝이다 팡팡 터질 것 같은 채반 위 가득한 고기들
목구멍에 가장 가까이 닿을 때까지

어린 나와 함께 뛰어 보련

* '돼지'의 제주어.
** 돼지를 키우는 화장실.

느영나영*

가훈을 적어 오라는 숙제에
'한 번에 다 먹지 말라'를 적고 갔다

제삿밥으로 배를 채우러 오는 친척들
올망졸망 모여 밥 먹을 때
인사처럼 당부하는 말
'한 번에 다 먹지 말라' 그래야 더 배부르고 큰다

감자밭에 날아온 꿩 두 마리
식구가 한 번에 다 먹어선 안 될 일이지
꿩 두 마리로 겨울나도록 먹어야
못 먹어 못 죽어 서럽게 운 날을 잊어버리지

솥단지에 감주 넣고 꿩 넣고
온갖 걱정, 온갖 즐거움도 꿩엿 고는 시간보다 깊지 않은데
어떤 부끄러움도 꿩엿 고는 시간보다 길지 않은데
왜 한밤중에 그리 울었던 날이 많았는지

한 번에 다 생각하지 말고 꿩엿 고는 시간만큼 생각
해야 마음이 더 크는 거라고
　물질도 한 번에 다 잡을 생각하지 않아야
　바다가 넓다는 걸 먼저 안다고
　밤새 꿩엿 고는 엄마 옆에서 숙제했다 시집을 갔다

　'한 번에 다 먹지 말라'는 가훈이 아니라서
　그날 숙제를 못 하고 온 아이들끼리
　입김 가득 나오는 복도에서
　'한 번에 다 먹지 말아'야 배부른 것들과
　섬에선 '한 번에 다 듣지 못하는' 바람 소리가
　우리를 키울 거라는 노래를 지어 불렀다

* 제주 민요. '너하고 나하고'의 제주어.

언니가 온다

　태풍에 휩쓸린 집은 바다가 되었다 바다를 보며 소원을 빌고 잠을 자면 지느러미가 생길까 미역국이 끓는다 엄마가 성게를 팔고 남은 빈 망사리에 언니 시집을 건져 담고 오는 날

　예감이 들어맞을 때마다 사라지는 몽고반점 언니와 누가 더 멀리까지 달리나 내기를 했었다 여름 끝까지 먼저 달려왔을 때 미역국 그릇이 한쪽으로 기울었다 신발에 물이 고인 채 찰박찰박 마당만 뛰어다니는 언니 뒤만 따라오는 돌고래 언니 말을 돌고래만 알아들었을까

　언니 대신 시집을 읽으면 언니 기억이 나질 않는다 꽃병에 꽃을 꽂고 팝송을 들으며 언니를 베끼는 밤에는 무인도가 생겨났다 어둠은 무인도의 언어

　사람과 사람 사이 사라진 것들은 모두 무인도에서 일기로 쓰인다 언니가 뛰어다니던 마당을 엄마는 어금니를 꽉 물고 바라본다 가을이 가고 파도는 오고

겨울이 가고 파도는 온다 쓸모없어 가여운 밤이 혓바늘로 남았다 미역국 한 그릇을 비워 본 적이 없기 때문에 고민은 무인도에서 달콤한 꿈으로 바뀐다는데

오래전부터 뛰어오는 소리처럼 빗방울이 후두둑 후두둑, 태풍에 휩쓸린 집이 다시 바다의 망사리 위로 떠오르듯 돌고래가 쉼표를 그리며 자맥질하는 밤이면 언니의 생일이 바다 건너에서 기울고 있다

전복죽

걱정이 있다
걱정이 있어 전복죽을 끓인다

걱정이 있어 우울은 물옷에 넣어 두었고
걱정이 있어 소금기 있는 몸도 씻지 않고
젖은 발로 너를 기다린다

걱정은 내가 네 삶을 조금 가져 보는 일
네 삶이 나와 맞는지
지는 해 보듯 지켜볼 수 있는지

겨울에 따뜻한 보리차를 챙겨 줬을 때
네 표정에도 걱정이 있다
함께만 있어도
빼앗기는 기분이 든다고

견디는 무게를 알아 버렸으니
네 불면의 밤에

전복죽은 맑지 않겠구나

걱정이 있어
걱정이 주는 사랑 있어
더 깊이 웅크리는 등이 있다
등도 표정이어서
등이 등에게만 보이는 시간

등이 등만 보고 지내는 시간에도
물옷 속의 맨살이 식지 않게
전복죽이 식지 않게
그릇을 두 손으로 감싼다

백중사리

정오가 포도알처럼 둥글게 차오를 때
채석장에 나갈 수 없는 남자 울음이
산달 여자 배를 뚫고 있다
서로서로 안으며 뻗어 나가는 바다를 보며
여자는 신맛 나는 단어를 읊조린다
포도가 몸을 통과하는 상상을 하는 동안
빈 접시 위에 떠나야 할 집, 길과
버려야 할 희망을 펼쳐 본다

귀를 열면 물길도 열리고

여자는 혀 밑에 고인 침을 삼키며
어디로 걸어야 할지 짐작할 수 없는
넝쿨처럼 얽힌 청춘의 방향을 풀어 본다
남자는 굴삭기 운전하던 손으로
채석장 수직 암벽처럼 쌓인
밀린 고지서를 움켜쥐고 다른 한 손으로
푸석한 여자의 손을 포개자

거센 조류가 밀려온다

여자는 남자의 닳고 부스러진 손톱을 매만지다
푸른 하늘을 가릴 듯 부풀어 오르는 검은 바다에
엎드려 빌듯 몸 굽히며 물옷을 입는다
어느 여인의 물숨은 우는 소리 같다 했다

게우젓

장맛비도 오래 맞으면
겨울 폭설처럼 몸살을 앓는다
그런 날은 꼭 게우젓을 먹어라

몸살에 온몸이 아파도 어디가 아픈지 몰라
마음 짚다 사랑이 사라진 자리 찾아내고
빈자리가 깊은 줄을 그제야 알아
몸을 부르르 떤다
깊은 곳에서 가까스로 빠져나온 숨을
너에게 먹인다

몸살에 아무 데도 마음 쓰지 말고
게우젓만 생각해라 오늘 게우젓
만드는 법을 잘 보고
마음 빈자리에 넣어라
바닷속에서 숨은 참아도
아픈 자식 보고 싶은 마음은 못 참아
물을 삼켜 코가 찢어질 듯 아프고

눈앞이 캄캄할 때
게우젓 먹일 욕심으로 물 밖으로 나온다며
울먹이며 입안에 넣어 주려다 엄마는 자기 입에 먼저
넣는다

게우젓 맛이 이 정도다

죽기 전 게우젓 만드는 법을 가르쳐 준다더니
오늘 만든 게우젓이
엄마 유언 같다는 생각을 하며
울먹이다 게우젓 흘리자 날름 주워 옴막 삼킨다

게우젓 맛이 이 정도다

슬픔이 별을 찾는다

밭담

인생이 가벼운 날은 무거운 돌을 들고
인생이 무거운 날은 가벼운 돌을 들었다

내일은 무엇을 들고 살아야 할지
중심을 다시 한번 보고
멀리 가고 싶은 방향의 돌을 쌓았다

무겁고 가벼움은
언제나 분주하지만 저녁이면 늘
마음 빈 곳이 보여
바람이 잠시 멈춰 주면
첫눈 속에 묻힌 눈동자들

컴컴하면 가장 먼저 사라지는 감정이지만
무너지지 않는 유년의 필체
손과 발로 단단히 세운 바다

다가오지도 않고

물러나지도 않는

돌과 바람과 파도와 아버지

제주 새천년 북한 감귤 보내기*

북한 쇄빙선이 얼음을 깨자
배는 꾸욱꾸욱 바다를 누르며 나아간다

평안남도 남포항에 내린 귤 100톤
콘테나에 담아 차곡차곡 쌓아 올리고
뱃길보다 느린 행정 절차를 마치고
화물선에 한 달 동안 있던 귤 상자를 열자
뭉개지고 짓물러 물이 흥건히 고여 있었다

꽃도 아닌데 해처럼 노랗다고
닭알 같으니 품으면 귤나무가 되었으면 좋겠다고

갖고 온 그릇에 귤 한 삽씩 받고 돌아가는 사람들 뒤로
귤잎 같은 아이들이 시린 손을 히히 불며 종종 따라간다

언 눈과 별 말고 밝을 것이 없는 밤에
담요 덮고 귤 까먹으며 알맹이 터질 때마다 웃고 있겠

거니 했는데

  짓무른 귤을 껍질째로 보리밥과 말아 먹고 비벼 먹었다고
  맛이 어떠냐 물어보았더니 처음 먹어 보는 맛이라 했다

  두 손에 귤 감싸고 천천히 걸어가는 주민들이 눈빛으로
  제주는 어떤 곳이길래 한겨울에 봄볕 같은 열매가 열리는지 묻는 듯하여

  바다가 얼지 않는 곳이에요
  산이 덮이도록 진달래가 솜뿍 피어나는 곳이에요
  느리게 목례하며 말랑한 눈빛으로 대답을 대신했다

  다음 해는 귤껍질을 까고 세 개씩 낱개로 먼저 나눠 줬다

  *1999년 제주운동본부는 새천년을 맞아 북한에 감귤을 보냈다.

제주호*

만나는 이들은 없고 떠나는 이들만 가득한 항구에
별은 악착같이 빛난다

이별은 뭐든 정확한 것과 가까이할 수 없는 것
항구에서는 문법을 파괴한 노래만 부르네

엉켜 버린 바람 비명 같은 파도가
무서운 줄도 모르고

선창에 머리 풀어헤친 여자들
리어카에서 뛰어내리는 아이들
매달리고 엉겨 붙고
배고픔으로 사랑을 아는 항구의 밤

소리소리 지르는 이름 따라 흩날리는 눈발들
겨울은 항구에 닿아서는 안 되는 것
악다구니같이 손 흔들고

두 손 가지런히 맞대고 웃으면
잠시 따뜻해진다 등대가 배를 밀어낼 때까지

겨울을 끌고 떠나는 배에서
울음이 뱃고동 소리보다 크다

* 1959년 미군 군수 물자 운송선을 개조하여 제주와 여수 항로에
  취항한 배.

나의 다락이었네

목걸이는 먼 곳에서 왔네
소라가 무역선 타고 일본 항구에 내려
백화점, 고급 요릿집에서
물속 반짝이는 빛을 모은 곳
가장 젊고 아름다운 시절을 모은 곳

숨 들이쉬고 아리가또
스미마셍 내쉬고

목 안고 꼭 잡은 손 종알종알 돌담들 수선화

숨 흩어졌다 다시 모이는 사이
밀려오는 얼굴 겹겹이 둘러
울고 외치는 영법泳法

달도 넘치고 탈도 넘칠 때
깔딱깔딱 잿빛 물결 가지고 살아간 곳
목을 걸고 아름다운 꿈을 꾸는

모진 영법泳法

물길 없는 곳은 바닥을 쳐서 물길 만들고
폐선처럼 녹난 벌건 손이 보내온

목걸이가 나의 다락이었네
다락에서만 배꼽을 만졌네

난바르 물질*

아빠는 몰래 다녀갔다
아빠가 다녀가지 않았다는 믿음보다
다녀갔다는 믿음이 나를 잠에서 깨게 했다

엄마는 몰래 바다에 갔다
엄마가 바다에 가지 않았다는 믿음보다
바다에 갔다는 믿음이 나를 잠들게 했다

믿음은 흔적이 없다
엄마가 바다에 다녀온 흔적을
아빠는 잘 찾고 가져간다
우리를 찾은 적은 없다
찾을 거란 믿음이 부끄러운 적도 있다
믿음은, 부끄러움은 지치고 열병보다 심하게 앓는다

희망은 흔적이 있다
너무 깊은 곳은 혼자 볼 수 없어서
여럿이 힘껏 문을 열듯 뛰어들었다 한다

바다가 과즙처럼 달았다고
입가에 흘러내리는 바닷물을 닦아 드시는데
희망은 부끄러운 적이 없다

끝없는 바다, 석양이 뭍처럼 보이는 곳
부딪히고 깨지고 부딪히고 깨지며
사랑은 젖고,
피는 마르고 머릿속이 새하얘져도
잊지 못하는 난바르 해맑은 파도

* 먼바다 물질 혹은 배에서 한 동아리의 해녀가 일정 기간 숙식하며 치르는 물질 작업을 일컫는 말.

할망 손지*

물에매 동팬으로 벋언 버듸낭 가젱이 그창 오라
　넉 댕기년 질 카르지 말게 새벡 인칙 바당더레 와사 헌다

요왕대신님 산앙대신님 동으로 터오르는 동방선님
　서으로 디고 가넌 낙후자님 이디레 뭬셤수다

파도 소리를 가르는 외할머니
　살아생전 가장 기운찬 소리

유월 초하루 바당물 먹엉 삼넉三魂이 나강 넉을 들엄수다
　기미년 구월 닷새생 허칩이 똘 흔은 아홉 설
　넉이 나고 흔이 나수다
　하늘더레 허튼 넉 땅더레 허튼 넉 바당에 놀던 넉 요런 넉이랑 허칩이 흔은 아홉설 요듸레 돌아옵써 어마 넉들라
　아 어마 넉들라아 에, 코 오

외할머니 남은 혼을 네게 불어넣은 것처럼 큰 숨이
정수리로 들어왔다 바람은 따뜻하게 불고 순간 몸
이 잠시 떠올랐다

버듸낭으로 등 아홉 번 어깨 아홉 번 치고
허칩이 똘 혼은 아홉 설
울음 주는 새 열 주는 새 새얼 두리자 새얼 두리자

손이 신음하듯 살아생전
가장 억센 손이었다 몸속이 쿨럭였다

팔다리 머리를 꾹꾹 누르고 등을 치며 쌀을 뿌리고
새얼 두리자 새얼 두리자
저레 쑤어나라 바당더래 두르라

한참 뛰다 뒤돌아보니 나는 마흔이 넘었고
젊은 외할머니 계시던 자리

억새만 흔들렸다 수의처럼

* 제주에서는 어린아이의 넋이 빠져나가 아플 때 병을 치료할 목적으로 넋이 나간 장소에서 넋들임 굿을 한다.

3부
바다는 봄 소라를 기억하고

무리는 세상에서 가장 큰 고독

이것은 새와 나 사이의 거리
노트 속에서 새들이 날아오른다
'둥글다'는 다가오는 말일까
멀어지는 말일까

접시 위에 노른자 무리가
군무를 펼치고 있다
식탁 위 양념 통과 그릇
말라 가는 과일이 숲을 이루고
난반사되는 지저귐 아래서
포크로 노른자를 찌르면
새는 깨진다
은유가 끝까지 다정했던 적이 있었는가
잠시 망설이면 타인이 된다
부리처럼 식은 밥을 쪼아 먹다
고독과 무리 사이
불안한 거리에서
은유가 시작된 건 아닌지 골몰한다

노트 속에 남은 새들의 발자국
인간들의 발자국이
서로 점점 가까워진다
무리는 세상에서 가장 큰 고독

엄마는 나를 바다로 기억했다

아침부터 밀물이면
물옷을 입혀 달라 우는 검은 바위들
이마 주름 틈에 파도를 불어넣어 주며
발바닥을 만져 주었지
정오의 냄새는 이렇게 익숙해졌어
저녁이면 겨드랑이가 아프다며 칭얼대
지느러미가 돋아날 것 같다고
청동빛 달 아래 겨드랑이를 주무르며
엄마 얼굴 반쪽 떼어 내 얼굴에 붙였어
봄밤이 음각으로 남겨지는 동안
크레파스로 사라진 얼굴 반쪽에 내 얼굴을 그려 주었어
반씩 나눠 웃고 반씩 나눠 울었어
두 뺨 사이 낯설고 차가운 썰물을
엄마는 누구로 흉내 낼까

소꿉놀이

팔을 주웠다
내 인생과 달리 희고 굵고 힘찼다
몰입할 묵직한 감정은 없고
악몽을 주고 떠나는 당신을 때리고
어깨에 끼웠다

누구십니까?
팔을 들어 얼굴을 가린 것도 아닌데 사람들이 몰라보았다
주운 팔은 사람들을 만날 때마다 뺨을 때렸다
다른 팔이 뺨을 문질러도 허물어질 건 다 허물어졌다
고독도 꿈도 없으니, 무엇으로 바닥을 치며 살아야 하나?

목적이 없는 날의 연속
밤을 폭식한다
배꼽이 자정보다 불룩해지자
주운 팔이 벽에 못을 박아 나를 걸어 놓는다

기다릴 것도 없고 변할 것도 없고
기억하던 이름들마저 다 말라 버리고
나도 나인지 모를 때
주운 팔이 머리를 쓰다듬어 주곤
목줄을 묶는다

엇갈리는 말

딸기에 가려면 똑바로 쳐다볼 수 없는
설익은 말부터 챙겨야 해
아직 구름의 소리와
해의 발걸음이 되지 않은 말
비스듬히 바라보는 '설익다'
믿음은 '설익다'에서 시작되어
증오로 익어 버릴 수도 있어
증오는 끝까지 분명한 맛으로 혀에 남지
딸기의 단맛처럼
설익은 희망이 욕망으로 익을 때
딸기는 손을 뻗기 전에 으깨진다
욕망은 어디까지가 딸기인지 모르지
'설익다'가 시간을 꿈꾸는 동안
 섬뜩한 문장이 솟구치지 않도록 봄을 조이지 않아야 해
 영원히 딸기에 도착 못 할 수도 있어
 영원은 시작하는 연인처럼 오래도록 설익은 말

행복

자취방 골목 앞 노점상 어묵집
열 시쯤 문 닫을 시간이면
어묵 몇 개와 국물이 잔뜩 남아 있었다
천 원 주고 큰 냄비를 내밀면
남은 어묵과 국물을 내가 원하는 만큼 받을 수 있었지
일주일 동안 국 걱정이 없었지
밤비처럼 흐르는 콩나물
두부처럼 떠오른 달
성게알처럼 흩어지는 별
모두 담긴 냄비가 무거워 배에 받치고 오면서
뜨끈하고 배부른 즐거움에 짝짝이 슬리퍼는 잊고
가로등 꺼진 날은 국물이 흐를까 봐
눈을 있는 힘껏 크게 뜨고 다니다 보니
눈이 커지고 예뻐졌다나 뭐라나
어묵 국물에 대파를 넣으면 대파국,
미역을 넣으면 미역국,
국만 먹어도 고향에 닿은 기분

마정*

남자 울음에 여자 울음이 올라탄다
이랴 이랴, 울음이 울음을 몰며
등을 친다

꼬리까지 축축한 남자 울음이
여자 울음 무게를 견디지 못하고
맥없이 무너진다
수레바퀴에 눌린 짚을 보며
여자는 바다로 이끌려 간다

이사 온 집은 깊다
빗물이 모여 깊고
가로등이 멀어 깊고
목초 더미를 모아 만든
좁은 계단 끝은
자정에 가까워 깊다
깊은 집을 나갈 수 있는 건
울음뿐이다

사방 낡은 밤을 핥다
여자 울음이 사지가 늘어진
남자 울음을 건져 물고
입이 찢어지게 바둥거린다
누런 어금니 사이로
고삐 풀린 아이들이 창문을 흔들고 있다

* 말을 부려 마차나 수레를 모는 사람.

물끼*

가난을 몰랐다
부자를 본 적 없으니
기억하기 어려운 슬픔

물 안에 있으면 물 밖 슬픔이 궁금했고
물 밖에 있으면 물 안 슬픔이 궁금했다

어느 슬픔이 먼저 곪고 아물지 지켜보다
다정히 웃는 슬픔이 물 안이어서
사랑을 욱여넣었다
매달 속는 슬픔

지긋지긋하게 산다는 걸 몰랐다
다르게 살아 본 적 없으니
만지면 흉터만 남는 슬픔

섬이 서글프면 물결이 높게 일고
내가 서글프면 밀물 시간이 빨랐다

허기가 오늘의 슬픔이면

조개껍질은 반짝이고 모래는 부드럽고
황홀한 바다로 소풍 떠나는
물낯에 비친 젖몽우리
아끼고 싶은 슬픔

* 보름 단위로 9일 작업하고 6일 쉬는데 이를 '한 물끼'라 한다.

봄 바다

해가 뜨면 바다가 가장 먼저 하는 일은
빛나는 일
떠듬떠듬 빛나다가
냉이꽃 피워 내듯 밀어 올리는 빛
없던 마음이 봄이면 왜 생기는지

남들만큼 살아지려나
입 밖에 말 떼기도 전에
봄과 몸은 바다로 들어가고

뭍을 떠나며 애가 타는 건
무엇이 가장 멀어져 보이는지
아기, 집, 유채밭, 저녁

아기들은 한 번 울면 저녁까지 울고
집은 폐질 얼굴처럼 뇌래지고* 저녁까지
유채순은 남아 있으려나

후려치는 걱정에 숨 막혀도
바다는 저녁까지 빛나고

몸은 봄을 기억하고
바다는 봄 소라를 기억하고

빛처럼 울었네
그림자처럼 울었네

* '노래지고'의 제주어.

성게

포구의 여자들은 이름이 많다

성게 여물을 꺼내는 건
혼잣말을 보는 것 같다

말도 오래 물끄러미 바라보면 여문다

좀처럼 물 위로 드러내지 않는 성게가
반쯤 지워진 얼굴처럼, 검푸른 몸이 바위에 돋았다
사랑과 사랑이 커져
서로를 짓누를 때 터져 나오는 말을 먹으러

겉마음을 속으로 속마음을 겉으로 보내며
기어이 사는 성게 가시는
혼자 쓰는 언어처럼 독이 서렸다

한 사내가 사라지고
긴 밤의 표정으로 금이 간 그릇을 채우는

여문 말들의 무게에
섬은 표류하지 않는다

움딸*

내 몸의 물을 간직할 섬이 있다

몸에 찰싹 달라붙어
물의 기억을 되새김질하면
물이 태어난 밤이 환해진다

고백은 어둠을 오래 쓰다듬게 한다

물 없이도 눈빛을 섞을 수 있고
물 없이도 울음을 섞을 수도 있지만

상처가 몸의 중심이었다

숨보다 깊은 물은
상처에서 연록 잎을 돋게 하고 나무를 만든다

발끝부터 몸을 거슬러 오는 물의 속살을
밤새 부벼 주는 섬

몸의 물빛을 닮은 뺨이
겹겹이 감싸진 섬을 한 바퀴 돌고 나면

물결무늬 검은 나비가 홀로 바다로 간다

* 출가한 딸이 죽었을 경우 사위와 재혼시키기 위하여 얻는 수양딸.

신비스러운 고독

터널의 양 끝처럼
마주 서도 등만 보이는 사랑을
잠이라 부르기로 하고

우리는 각자 손에 귤을 쥐고 있다

손톱이 깨져 귤을 깔 수 없는
너의 제주를 난 모른 척한다

매일 해변을 걷고 오름을 오르며
기쁨과 웃음에 시달리는 사진들이 바닥에 가득하다

잠을 위한 기도는 이 방법만 남았다는 듯
고독의 끝이 제주라 생각하는 너와
고독의 가면이 제주라 생각하는 내가
밤을 맹렬히 골몰하는 건

동네 개들도 귤을

물고 흔들다 버릴 만큼
이곳에 우리가 흔해졌기 때문이다

터널로 들어가는 기차와
기차가 터널에서 빠져나오는 교차점에서 멀리
갈 수도 없고 다시 올 수도 없을 것 같아
기를 쓰며 몸부림치듯 귤을 까는 네 모습에 낄낄대고

늙어도 고독할 힘이 남아 있다면
당신도 우리와 함께
고독의 희망을 나눌 수 있다

발이 헛디뎌 넘어져도
푸른 물 밖을 벗어나지 않는다

상선약수上善若水*
— 목시묵굴**

물이 흐르지 않는 곳이 어디 있을까
고랑창이든 마른 땅이든 피하지 않고
흐르다 다른 물을 만나면 다투지 않고
더욱 유연한 몸짓으로 흐른다
산에서 내려오는 물의 결도 모르고
성미대로만 막아 놨다고 물이 사라지지 않지
둥글게 고여 살냄새로 전해져 오고
사랑을 잃어도 노래는 남아 뿌리에 스민 물
최고의 선은 물과 같다는데
물이 유일한 마음으로 남은 봄날
물의 냄새를 맡으며 온 산이 숨 쉬었지

---

* 『도덕경』에 나오는 구절.

** 4·3 사건 당시에 선흘리 마을 사람들이 토벌대를 피해 은신했던 곳.

통개* 신방

반 깨진 통개에 겨울 눈 녹은 물
여름 장맛비 서로 꼭 붙어 있더니
검정말, 마름 낳고 수련, 연꽃도 낳았어
사냥개 사납게 우짖던 밤, 천둥 벼락 치던 밤
아무도 모를 물의 내통을
푸른 아침이면 동네 사람 다 알아
물 부부 부끄럼 타는 소리를 통개만 들어
제가 치른 일처럼 낯빛 볼그레 볼그레
통개 내려다보던 오디나무 캐득캐득 웃으며
오디 열매 퐁퐁 떨어뜨리자
물 부부 오디 물 같은 밤인 줄 알고 물결 찰랑찰랑 치니
통개 화들짝 놀라 실금이 갔지
유월 내내 오디 떨어지는 동안
통개 실금 가는 소리를 개구리만 들어
가을 가기 전에 또 어디로 헤엄쳐 가나
갈 곳 찾아 눈 터질 듯 운다

* '항아리'의 제주어.

4월의 사과

봄에 익어 버린 사과가 있어요

아래부터 예뻐지도록

자연을 뒤집는 고문

목구멍에서 검은 식욕이 올라온 청년들

광주리 들고 서쪽 해를 넘어오는 순례

사과는 사과이기 전부터 붉어

사과는 눈을 뜬 채 따이고

사과는 발부터 으깨지고

사과 손을 사과로 묶어

퐁당퐁당 바다로 던지고

사과는 마지막까지 사과여서 따이고

사과는 사과가 아니어도 따이고

사과였던 사과는 사과로만 굳어지고

봄에서 멀어도 사과는 사과대로 익어 가고

까만 재처럼 익어 가고

아직도 사과입니까?

4부
수평선으로 가자

오름 떡볶이

오늘 날씨가 힌트라면
그대와 나 사이에 십오 분 비밀이 있다면
주머니 속 답 없는 질문이 있다면
잠시 우리 관계를 내려놓아요
혀가 낯선 서문만 읽어 내는 동안
밤은 등뼈 안에서 더욱 구부러져
우리 앞에 단 하나 막다른 접시
빨강의 속도로 마주 보는 의자를
제법 가깝다는 말로 가지런히 정리하지요
이제 같은 이름으로 오름 올라 볼까요
별이 반짝이는 건 별의 아름다운 순정입니다
외발로 삐걱거리는 그대 걸음 따라
내 심장이 뛴다면 사랑은 별입니다
저는 당신의 밤이 됩니다

난파 후

자고 일어나면 돌이 돋은 듯 등가죽이 딱딱하다
그들이 나를 악어로 만들고 있다
자고 일어나면 이부자리가 우묵하게 꺼져 있다
누구든 오면 늪 같은 우리에 뭉덩 빠져 헤어 나오지 못할까 봐
문 안으로 먹이만 던져 주고 간다
허기만 남은 감각으로 먹이를 통째로 삼키는 걸 본 그들
하루 종일 이불 위에 가만히 떠 있다
인기척에 문밖으로 얼굴을 내놓으면
거침없이 공격할 수 있는 흉물이 되어 뒷걸음질 친다
수년간 걸어 둔 옷들이 수초처럼 자랐다
그들에게 외면당할수록 붉은 아가리만 커졌다
간혹 우리를 이동할 때 그들은
악어의 무게를 가늠한 듯 인부를 부르고 마취제를 투여했다
악어처럼 입을 다물거나 악어처럼 입을 벌려
2억 3천만 년 전의 태양을 생각한다

찬란한 척추를 생각한다
우리의 위치는 점점 어둡고 깊은 정글 끝으로 옮겨졌다
그럴수록 직립보다 배를 땅에 붙인 채 기게 되었다
낮에는 모여 일광욕하고 저녁이면 이름을 확인했다
야생을 잃은 악어들은 영역에서 벗어나지 않는 것이 가장 안전하다고 생각한다
정글 안에는 비슷한 시기에 만들어진 악어들이 무리 지어 산다

퇴물 해녀

거짓말을 쥐고
염소 집으로 갔다 민낯의 부끄러움이 없는 곳

바라볼 것이 하나일 때
손바닥에 화기가 몰렸다

집이 바다와 가까워질수록
염소 표정을 따라 지었지만
불행을 따라 하긴 싫었다

섬에서 커지는 건
퇴물 해녀 노래밖에 없는 저녁

거짓말이 어디까지 갈 수 있을지
빙글빙글 돌리면
파도 깊이조차도 깊이를 알 수 없다

바다에 체온을 다 빼앗긴 염소는

파도에 몸을 맡기지 못하고
이리저리 뛰어다니며 운다
울음만이 사랑인 줄 알아서

수평선으로 가자

바다는 바다일 뿐
누가 너의 바다를 높게 불러도
낮게 불러도 너의 바다는
바다 외에 아무것도 아니다

검은 물이 흐르는 환부를 정면으로 보아라
누가 잰 깊이로 가늠해서 물에 들지 말아라
갈 데까지 못 가 털썩 주저앉아도
바다는 바다 외에 아무것도 아니다

바다에서 아침이 시작되어
장미를 피우다 가시넝쿨 같은 태풍만 남은 밤
네가 겪은 바다는 너를 겪은 바다는
쓸쓸함, 깨문 입술, 갈매기 사체를 지났을 뿐
파도로 겨누지 않는다

누가 바다에 슬픔을 던져도
의심을 던져도 송곳을 던져도

네가 겪을 바다는 너를 겪을 바다는
고여 있는 순간이 없다
바다는 바다일 뿐
바다 외에 아무것도 가지지 않는다

마을에서 종일 아이들이 쏟아져 나온다

아이스 아메리카노

있어야 할 곳에서 떨어져 나온
섬처럼

끝까지 처지에서 벗어날 수 없는데
나아갈 수 있는 자세처럼

얼음을 보고 있다
얼음이 보고 있다

혼잣말은 한 번도 뜨거운 적이 없다
컵처럼 둥글다
둥근 것은 만월

만월이 죽음처럼 묵묵히*
바다 위에 떠올랐다

당신, 몇 번을 불러도
하얗게 서리는 혼잣말

어디까지 갈 수 있나

먼 곳을 바라보면 차가워지는 얼굴

있어야 할 곳에서 떨어져 나가는
섬의 무늬처럼 눈 나리고

파두와 파도 사이 밤은
매일 빈 잔처럼 깊어지다 깨진다

바다를 젓고 밤을 저으며
오래 앉아 있다.

* 프리드리히 니체, 『짜라투스트라는 이렇게 말했다』의 일부를 인용하였다.

끝없는 바람

산길을 가는데
바닷바람으로 방향을 잡는다
밀물 때맞춰 하산하자며

나의 입도入島 날짜를 나는 모르고
너는 안다 섬은 너의 몸이 아니라서

두고 온 사연이 없어서
밤은 매일 새것 같고
산의 염소들이 바람에 떠밀려 바다로 내려가는 풍경
을 보면

흔들리는 방향으로 어둠이 먼저 깊어져 가는 곳은
바람이 자라는 곳이다
바람은 불어 간 만큼 불어온다
오늘을 넘겨주면 내일을 넘겨받는 숨

너는 복선이라 하고

나는 음악이라 하고
섬사람들은 물질이라 했다

네가 피한 바람을 내가 맞고
내가 삼킨 바람을 네게 뱉어도
바람을 홍보는 사람이 없다 바람에
이제 막 멀어져도 가까워질 파도가 한 번도 헐떡이지 않는다는 건
섬사람들만 안다

흔들리는 곳에서 함께 붙잡을 수 있는 것들이 많다

마방목지

한낮의 팽팽한 바람
사타구니 사이를 넓히는 시원함
초록이 초록 위에 올라타거나
초록이 초록 안으로 들어가
목청껏 부르는 노래

흔들릴 수 있다
아름다움을 믿게 될 것이고
증오를 잃어버리고
가난도 잃어버리고

파닥파닥 튀어 오르는
말의 숨을 쫓아 도망치럼
달리다 쓰러져도 엎드려 웃는 것 같아서
초록은 검지 않다

땅에도 바다가 있지
말의 바다

당신이 온다면
유독 짙은 풀 한 포기
돛대처럼 높이 푸른 불을 켜
물결 소리처럼 울며 달리는
말을 부르겠다

길 안에 길

검지
손톱을 둥글게 깎는다면 좋아요
구름을 그리듯 움직여 보세요
우리에게는 시야가 없기에
지팡이 잡은 손가락 끝으로 바람을 뚫어야
공간이 탁
거기서부터 시야입니다

거리의 말을 익히듯
시야 안으로 발을 내밀면
거기서부터 길입니다
소음은 원근 없이 도처에 뻗는 넝쿨
거기서부터 타인입니다

대화는 오고 가지 않는데
혀를 차고 고개를 절레절레 흔드는 고요의 물결
몸이 떠밀려 가기도 합니다
거기서부터 이름이 눅눅해집니다

오래된 편견은 감각을 지배합니다
딸기는 과연 빨갈까요
의심이 안심으로 바뀌기도 합니다
거기서부터 서성이는 것도 속도입니다

분꽃이 핀다는 소문이 돌 때
지팡이를 디딜 때마다 나는 분꽃 향기
거기서부터 내일의 방향을 잡고 싶어집니다
두 손으로 바닥을 짚으면
계절을 덥석 쥘 수 있을 것 같은데
지팡이는 불안만 좋아합니다
불안은 무리보다는 느리게 고독보다는 빠르게
세상을 노려보는 궤도로만 갑니다

지팡이 짚은 곳은 모두 얼룩처럼 보이지만
얼룩도 한데 모이면 풍경입니다

브로콜리

언제부터 그는
저 초록 구름을 키우고 있었을까
온통 낯선 계절뿐인 이역의 땅*에
그의 언어는 눅눅한 허밍뿐이었다
엎드려 별자리를 되새김질하면
그의 몸보다 큰 기침들이 쏟아지고
누런 달력에 그린 얼굴에 톡톡 돋는 구름송이들은
그의 모국어를 닮았다
그가 꿇은 무릎으로
구름을 정확히 발음하고 쓰는 동안
매일 부풀어 오른다
저 땅의 숨이 턱 막힐 정도로
구름이 부풀어야 그의 발음이
사막을 건너 파란 지붕에 닿는다
잃지 말아야 할 것은 왜바람을 견디는
그의 턱에서 덜덜 떨고 있다
해는 느리게 말랑거리는 가족으로 저물고
입김을 불어 구름을 키우는 노동을

우리는 식탁에 앉아 입을 활짝 벌려

브로콜리, 간결하게 브로콜리라 말해 버린다

* 농번기 때 제주도 내 외국인 근로자는 3만 명 정도 된다고 한다.

안전의 힘

 욕을 뱉을 데라곤 눈밖에 없다 지루한 방학 숙제처럼 날리는 눈 정거장에 두꺼운 사전들이 진열된 듯 몰려 있는 사람들, 의족을 찬 삼춘은 말이 없다

 눈 한 글자에 사랑을 쏟을 때 파카에 보풀을 떼어 내며 국수 생각을 하다 뒤집혔다 정물화의 명암, 시소의 수평, 건전지 빠진 벽시계, 바닥에 고정된 의자가 안전하다 생각하는 사람들이 다녀갔다 안전은 질문을 부른다 창밖에 노랑은 몇 개인지 메아리치는 거리는 어디까지 보이는지 달은 선명한지 질문 없이 확인할 수 있는 건 안전뿐이다

 흔들림 없이 넘어짐 없이 안전에 묶인 채 들숨과 날숨으로 헤아리는 하루의 농도 안전을 빠져나갈 수 있는 비결은 안전에 치이고 안전에 눌리고 안전이 완전히 바닥날 때까지 없다 이제부터는 안전하게만 살아야 한다는 의사에게서 국수 냄새가 났다 뒷골목에서 담배도 태우고 자전거를 타고 비도 맞으며 쓸쓸함에 머물다 쓸쓸함

도 농담으로 받아들이며 아껴 맛보는 자의 국수 냄새가 통통 불어 터져도 안전은 반나절을 지나지 않는다

　누구보다도 안전을 많이 가진 그는 의족을 차고도 공사장에서 안전을 나를 수 있는 일이 있을 것이라 믿는다 안전은 잘못이 없다

하품

하품은 울음처럼
얼굴을 크게 만든다
버스 창에 비친 건물은 도시의 하품
변전소 철탑마다 불 켜진 밤은 바람의 하품
달은 하루 밖에서 쓰인 문장

곧 부서질 듯이 껌벅거리는 전등은
사진을 붙잡고 우는데
떠난 사람의 사진을 보고 있으니
하품이 나온다

이틀 야근을 마치고
당신 부음을 들었을 때도
염하고 곡을 할 때도
울음보다 큰 하품이 났다
기억을 토해 내는
얼굴의 독경인가
먼 길을 나누는

사랑의 새로운 언어인가

오늘 밤
밤새 어둠을 비비며
심장 속 당신을 비워 내듯
아무것도 가진 것 없는
차갑고 서러운 하품이 나온다

그림자 시인

혀로 어둠과 고요를 섞어 빛을 만들어
울음이 훤히 드러나는 빛에 얼굴도 드러나게
드러나는 만큼 두 배의 어둠을 앞발로 모아

길고양이는 위험한 곳에서 안전해
골목 안에 골목 바람 빠진 타이어 안에 타이어
무엇이든 깨진 소리가 마지막으로 도착할 것 같은 장소
온기와 온기가 붙어 걷던 걸음이 헤어지는 장소에
돌진한다 길고양이로 남기 위해

사랑하는 시간이 길면 무기력해진다
낮과 밤 구분 없이 흔한 하루를 되풀이하듯 내뱉는 사랑
백 년 후 겨울 따뜻한 창 안에서 하얀 눈을 맞이한다면
나는 무엇으로 두근거릴까
지금부터 사랑하지 않겠다

길고양이는 고양이가 아니어서 좋아
누구에게도 속하지 않은 채
낮은 자세로 재빨리 사라져
아무것도 아닌 존재로 온 골목을 자신의 추위로 가득 메우고도
영영 돌아올 생각 없이 더 깊이 찾는 외로움
사다리 위로 부서진 난간으로 아슬아슬 혼자
고양이가 아니어서 좋은 길고양이 언어로

나는 돌진한다
시간은 가도 달은 지지 않는 밤을 할퀴는 상상을 물고
매일 다른 어둠으로 갈 수 있는 외로움 향해
사랑이 아니어서 좋은 이별
갸르릉 꼬리를 바짝 세운다

예고편

서랍장을 장만했다
뻣뻣이 굳은 다리와
벌겋게 녹슨 아버지를 공구처럼 가지런히 눕혀

어느 해 구석에 처박아 두었다
아주 가끔 아버지 손이 필요했으나
서랍을 열지 않았다
혼자 있는 시간에 멀건 죽 같은 말로
느리게 시계만 닦는
어둡고 습한 것을 꺼내기가 부끄러웠다
청소를 하다 기침을 하면
묵은 계절 옷들이 쏟아져 나왔다
발로 밟아 잘게 부수면
먼 나라 이름처럼 낯설었다
물속에 몸이 빠진 꿈을 꾼
어느 해 구석
서랍을 열었다
어루만져 본 적 없이 먼지만 쌓인 통증들

알코올에 닦이고 있었다

가족들 누구도 서랍장이 어디에 있었는지 묻지 않았다
다만 더 넣을 수 있는 것들을 물어본 적은 있었다

해설

모두의 어머니이자 딸인 당신에게

장은영(문학평론가)

삶의 세계, 제주

바다가 포말이 되어 밀려왔다 빠져나갑니다. 발목 언저리를 감쌌다 풀기를 반복합니다. 그때마다 모래 속으로 발이 천천히 빠져드는 것만 같았습니다. 사진을 두어 장 찍고는 바다를 뒤로하고 마른 모래사장으로 걸어 나와 사진을 보았지요. 푸른 바다와 검은 돌이 담긴 풍경은 틀림없는 제주였지만 이것이 당신이 말한 제주인지는 알 수 없었습니다. 당신의 시에서 만난 제주는 평면의 풍경이 아닌 우리 모두가 연루되어 있는 삶의 세계였기 때문입니다. 온몸을 바다에 던지는 생의 감각으로 마주해야 하는 삶의 세계를 겨우 발목만 담그고 찍은 사진 한 장에 담을 수 있을지 모르겠습니다.

제주에서 태어나 성장하면서 경험한 제주의 역사와 문화를 여성의 목소리로 말하는 당신의 시는 그물을 펼치듯 제주라는 삶의 세계를 넓게 펼쳐 놓습니다. 제주의 바다와 바람, 제주의 언어와 삶의 양식 그리고 역사적 사건이 그물처럼 얽힌 삶의 세계에서 유년의 당신에서부터 말년의 당신에 이르기까지 수많은 당신을 목격

할 수 있었습니다. 또한 바다가 준 것을 나눠 먹으며 아이들을 기르고, 고통과 환희가 뒤엉킨 생의 순간을 함께하다가 먼저 죽은 자들을 떠나보내는 삶과 죽음의 공동체를 목격했습니다. 풍경으로 응축할 수 없는 제주를 엿본 것입니다. 웅성거림과 소요로 가득한 삶의 세계가 파도처럼 몰아치는 것만 같았습니다. 온몸이 포말에 휩싸이는 기분을 느끼며 삶의 세계로서 제주를 감각했습니다. 당신의 제주는 의미와 감각의 질서를 균열시키는 장소성으로서의 로컬리티locality를 넘어서서 아예 낯선 목소리로 새로운 질서를 만드는 삶의 세계라는 것을 짐작했습니다.

제주라는 삶의 세계는 당신의 언어를 통해 서사를 얻고 그 위에 색과 맛과 냄새와 촉감을 덧입으며 살아납니다. 정신과 육체가 통합된 몸으로 만나야 하는 감각적 세계가 종이 위에 건설됩니다. 소리 내어 시를 읽는 동안 당신의 제주에 혀가 닿으면 산물의 시고 단맛이 어느새 심장까지 흘러 들어옵니다. 제주는 '나'라는 경계 밖에 있는 공간이 아니라 '나'와 구분할 수 없는 세계가 됩니다. 제주라는 삶의 세계에서 '나'는 풍경을 바라보는 시선의 주체가 아니라 세계와 통합된 나로 존재하게 되는 것입니다. "바다에 길들여지는 일이란/제 몸이 물의 뿌리라는 것을 아는 것"이라는 당신의 말을 알 것도 같습니다. "살다 힘들면 내 힘으로 네 힘도 생기는/뿌리가 되어 가는 중인 것이다/제주를 키우고 있는 중이다"(「제주이다」)라는 말처럼 당신에게 제주는 '나'와 통합된 삶의 세계입니다.

삶의 세계로서 제주는 분리와 위계의 질서를 초과하는 세계입니다. 나와 너를 주체와 타자로 나누고, 세계를 창밖의 풍경으로 만들어 버린 문명의 질서 속에서 삶의 터전은 중심과 주변으로 나뉘고 제주는 중심으로부터 먼 변방의 지리적 공간이 되었지요. 그러나 당신은 제주가 "있어야 할 곳에서 떨어져 나온/섬"(「아이스 아메리카노」)으로 표상되는 것을 거부합니다. 수직적 위계를 무너뜨리고 수평이 되기를 고집합니다. 물의 뿌리인 당신에게 제주는 바다를 덮고도 남을 거대한 그물처럼 각각의 존재들을 통합하는 수평적 삶의 세계입니다.

사진에 담을 수 없는 저 수평선 아래 삶의 세계 제주가 있습니다. 그곳에서 우리는 "서로 닿을 수 있는 뿌리"이고, 뿌리들은 "별자리처럼 이어"(「제주이다」)져 있습니다. 물속에 들어가 보지 않고서는 알 수 없는 삶이 끝도 없는 그물처럼 이어져 있습니다.

어머니와 딸

대신 말해질 수 없는 여성의 경험을 쓰고자 했던 작

가들이 공통적으로 봉착했던 주제 가운데 하나는 어머니와 딸의 관계였습니다. 당신이 그러하듯 여성의 글쓰기는 어머니와 딸 사이에 흐르는 상호적 감정의 흐름에 주목했던 것입니다. 에이드리언 리치는 「어머니와 딸」이라는 글에서 어머니와 딸이 여성으로 살아가기 위해 육체를 통해 잠재적이고 전복적인 언어 이전의 지식을 서로 교환해 온 관계라고 설명합니다. 그런데 가부장적 문화 속에서 어머니로부터 배운 다정함과 안정과 관능과 상호 교감은 부정당하거나 거부되고, 어머니와 딸 사이의 카섹시스cathexis, 즉 두 몸 사이에 오가는 큰 감정의 흐름은 사소한 일로 축소되었다고 지적합니다. 리치가 말하고자 하는 것은, 일방적으로 주는 자인 어머니와 자유로운 영혼을 가진 딸이라는 이분법적이고 편협한 상상력을 넘어서서 우리 안의 어머니와 딸을 모두 받아들이고 통합하고 강화하는 것입니다.[1]

당신이 들려주는 제주 여성의 연대기를 통해 어머니와 딸 모두를 받아들이는 통합이 무엇인지 가늠해 보려고 합니다. 어머니와 딸 사이에 흐르는 애정과 증오, 충동과 불안 그리고 고통과 쾌락에 이르기까지 당신의 시는 어머니와 딸 사이에 존재하는 감정의 충돌을 경험하

---

1 에이드리언 리치, 이주혜 역, 『우리 죽은 자들이 깨어날 때』, 바다출판사, 2020, 176-217쪽.

게 합니다. 당신의 시에는 너무도 사랑스럽고 소중하지만 나를 파괴하는(파괴할지도 모르는) 이 존재로부터 자유로워지고 싶은 마음이 있습니다. 내가 살아 있도록 모든 걸 주며 보살펴 주지만 나를 얽매는 이 존재로부터 벗어나고 싶은 마음도 있습니다. 서로에 대한 애정과 증오가 동시에 들끓는 모순적 감각은 어머니와 딸 모두를 혼란스럽게 만듭니다. 감각의 세계란 온전히 이해할 수 없고 설명할 수 없는 신체적 경험의 영역이듯이 당신이 들려주는 어머니와 딸의 연대기는 배운 적도 없고 무슨 노래인지도 모르지만 그냥 따라 부르다 보면 알게 되는 몸으로 기억하는 노래와 같습니다.

> 할머니는 밤마다 소녀를 토하여 나를 먹였다
> 와글와글 짠맛에 침을 뱉으면
> 높하늬바람이 일어
> 파도가 섬을 뚫을 것처럼 몰려오고
> 할머니는 웃었다
> 몸 안에 웃음은 남기지 말아야 할 것처럼
> 눈알이 빠질 듯이 고래고래 웃는 소리가
> "니년도 니년도" 메아리로 소용돌이치는 것을 듣게 되면
> 갓 태어난 섬이 내뱉는 말을 배우는 거라고

섬이 있다
붙잡힌 적 없는데 끌려온 곳에

섬이 있다
밤새 신발을 찾으며 섬을 가늠했다
—「섬」 부분

엄마는 담배를 물고 불안으로 늙고 있었다
노래를 따라가 보니 물속이었다
무슨 노래였는지 기억이 나지 않지만
일요일의 아침 햇살 같은 물빛이었다
(중략)
물속에서 마주한 여인의 표정이 나이고
나는 여럿이고 봄밤이 가라앉고 있었다
노래는 춤인 듯하고 춤은 물의 윤곽인 듯했다
거기서부터 알면 된다는 듯 손금이 늘어났다
서툰 만큼 울어도 되는 곳
열다섯을 지나는 그곳에 나는 있었다
—「첫 물질」 부분

당신은 어머니에서 딸로 이어지는 운명을 '섬'이자 '노래'라고 말하는군요. 시의 화자인 '나'에게 '섬'은 "붙잡힌 적 없는데 끌려온 곳"이고 '나'는 그 '섬'에서 탈출하고 싶어 합니다. "잇몸만 남은 할머니"나 물속에서 불안과 비밀을 나누는 여인들의 얼굴이 미래의 '나'인 것만 같아서 피할 수 없는 그 미래를 떠나고 싶은 '나'는 "밤새 신발을 찾으며 섬을 가늠"하느라 마음이 요동칩니다. 하지만 할머니에게서 어머니로, 그리고 또 '나'에게로 대물림되는 운명에 대한 부정과 회피의 충동이 이 시의 화자가 다다르는 결론은 아닙니다. '나'는 물질하는 여인들을 보며 미래에 대한 불안을 느낄지언정 그것을 서글픈 운명으로 받아들이지는 않습니다. 오히려 화자가 느끼는 불안은 거센 운명의 바다에 맞서기 직전 느끼는 긴장 같은 생의 감각으로 보입니다. 화자는 알고 있습니다. 물속에서 노래하는 여인들이 부르는 노래가 시작은 있으나 끝이 없다는 것을, "명령"도 "낭만도" 아닌 생은 고통과 희열이 파도처럼 밀려오는 삶의 지속이고, 물질은 그것을 받아들이면서 끝없이 앞으로 물을 밀며 나아가는 일이라는 것을.

물질하는 여인들은 자기 몫의 생을 앞으로, 앞으로 밀고 나가는 삶의 행위자들입니다. "밤마다 소녀를 토하여 나를 먹"인 할머니는 "파도가 섬을 뚫을 것처럼 몰려"와도 "눈알이 빠질 듯이 고래고래 웃"어 버리며 파도의 기세를 압도합니다. "불안과 비밀을 나눌 곳이 거기 밖에 없었"던 여인들은 중력을 잃듯 불안과 비밀의 무게마저 잊게 되는 물속에서 삶이라는 목적 그 자체에 자신을 기투합니다. 파도가 거칠 땐 물살에 맞서기도 하고 잔잔할 땐 물의 흐름에 자신을 맡긴 채 "무릎 내주고 이 몇 개 내주"(「뿔소라 편지」)며 타협하고 어르기도 하면서 삶의 세계인 바다와 자신을 통합시킵니다. 바다로부터 "견디고 애쓰는 힘"을 배우면서 비로소 안간힘으로 살아 내는 자들에게 주어지는 "사는 낙"을 맛봅니다.

아마도 그 맛은 주어진 운명에 순응하는 것과는 다른 경험일 겁니다. "뿔소라는 수족관에 오래 두면/뿔이 사라져 버린다"는데, 스스로 바다로 나간 이들에게는 단단한 뿔이 돋지 않습니까? 고단하고 거친 삶이 돋운 뿔은 안간힘으로 삶을 지속하는 이들이 차지하는 고통과 쾌락의 증표가 아니겠습니까? 뿔은 희열만이 아니라 고통까지도 감수하면서 스스로 삶을 살아 낸 존재의 양가성을 상징합니다. 리치는 각자의 내면에 잠재해 있는 창조적이면서 파괴적인 에너지를 인정하는 일이야말로 존재의 양가성을 받아들이는 일이라고 말한 바 있습니다. 이에 기대어 생각해 보면 고통에 맞서 안간힘 써 보지 않은 안온한 삶에는 창조적인 쾌락도, 그 증표인 뿔도 주어질 리 없습니다.

우리 내면에 삶과 죽음의 충동이 동시에 자리하듯이 물질하는 어머니와 딸들은 바다에 몸을 맡길 때마다 강렬하게 솟구치는 양가적 충동을 경험했던 게 아닐까요? 물 밖에서는 알아챌 도리가 없었겠지만, 전복을 캐고 소라를 잡는다는 건 아이러니하게도 생을 위해 생의 끝을 마주하는 일이었을 겁니다. 물질은 삶과 죽음이 뒤섞인 창조적이면서 파괴적인 에너지가 동시에 분출하는 순간이었던 겁니다. 뿔은 그 에너지가 응축된 몸에서 돋아나는 생의 흔적인 셈입니다. "두린 딸"은 점점 자라나 열다섯에 첫 물질을 해 보고 예감하게 됩니다. 물질을 할 때마다 "코가 찢어질 듯 아프고/눈앞이 캄캄"(「게우젓」)해지는 어머니의 삶을 거부하고 싶지만 동시에 어머니가 가진 견고하고 아름다운 뿔을 거부할 도리가 없다는 것을 말입니다.

> 바닷속에서 숨은 참아도
> 아픈 자식 보고 싶은 마음은 못 참아
> 물을 삼켜 코가 찢어질 듯 아프고
> 눈앞이 캄캄할 때
> 게우젓 먹일 욕심으로 물 밖으로 나온다며
> 울먹이며 입 안에 넣어 주려다 엄마는 자기 입에 먼저 넣는다

게우젓 맛이 이 정도다

죽기 전에 게우젓 만드는 법을 가르쳐 준다더니
오늘 만든 게우젓이
엄마 유언 같다는 생각을 하며
울먹이다 게우젓 흘리자 날름 주워 옴막 삼킨다

게우젓 맛이 이 정도다

슬픔이 별을 찾는다
—「게우젓」 부분

폐부까지 밀려오는 고통과 자식에게 가장 맛있는 음식을 먹이는 기쁨이 뒤섞인 이 시는 어머니라는 존재의 양가성을 엿보게 합니다. 한결같은 모성을 드러내는 어머니가 아닌 것이지요. 이 장면은 어머니가 느끼는 고통과 기쁨이 모성이라는 관념과는 별개로 감각적 사건이란 점에 주목하게 합니다. 게우젓이 얼마나 깊은 감칠맛을 내는지, 어머니는 아픈 자식에게 게우젓을 먹일 생각만으로도 들떠 물속에서 나옵니다. 그런데 어쩐 일인지 물에서 나온 어머니는 아이에게 먹일 게우젓을 저도 모르게 자기 입에 먼저 넣습니다. "게우젓 맛이 이 정도다"라는 대목에서 설핏 웃음이 나오지만 웃음을 곱씹으며 생각해 보면 당신은 모성이란 신성한 관념을 유머러스하게 비틀고 있습니다. 모성의 담지자인 어머니 역시 강렬한 생의 욕구와 충동이 꿈틀대는 존재임을 슬쩍 말할 때를 기다린듯이 말입니다.

당신이 우리에게 보여 주고, 들려주고 싶은 모성은 육체를 통해 받아들여지는 분명하고도 확실한 생명의 감각입니다. '나'와 연결된 존재들이 먹고 자라는 즐거움 못지않게 어머니 자신이 먹는 희열과 기쁨에도 주목해야 하는 이유입니다. 어머니는 게우젓을 맛보며 슬픔도 떨쳐낼 만한 희열을 느낍니다. 누군가는 고작 게우젓을 맛보는 장면이라고 페이지를 넘길지도 모르지만 저는 이 장면에서 모성의 전회가 시작된다고 생각합니다. 아픈 아기보다 자기 입에 먼저 먹을 것을 넣는 충동적인 행동은 어머니가 지닌 자기 보존의 욕망을 드러내는데, 이것은 인간적 욕망이 거세된 어머니를 숭배하는 가부장적 모성 신화에서는 볼 수 없는 장면입니다. 가부장적 질서 안에서 모성은 절대적이고 숭고한 관념일 뿐만 아니라 안정적이고 균질적인 것이어야 했습니다. 남편을 떠날 수는 있을지언정 아이를 두고 집을 나가는 어머니는 모성이 결여된 비정한 어머니, 부도덕하고 결핍

된 여성으로 비난받아야 했습니다. 이러한 신화적 모성은 무너진지 오래지만 어머니에 대한 상상력은 얼마나 달라졌을까요? 얼마나 다양한 모성이란 사건이 서사화되고 있을까요? 당신이 보여 주고 있듯이 모성은 하나의 관념으로 수렴되지 않습니다. 아픈 아이를 떼어 놓고 바다에 들어가는 안타까운 마음과 드디어 아이에게 게우젓을 먹일 수 있게 된 기쁜 마음이 균질적인 모성의 전형이라면 그것을 배반하듯, 게우젓을 자신의 입속에 먼저 넣어 버리는 자기 보존적 어머니를 환기하는 당신의 서사는 불안정하고 비균질적인 모성의 서사로 나아갑니다.

모성을 자기 소설의 환원 불가능한 핵심으로 여겼던 작가 엘레나 페란테는 모성이 주제의 차원이 아니라 글쓰기 행위 자체에 따라오는 문제라고 말했습니다.[2] 모성의 환원 불가능성, 즉 강렬하게 우리 자신을 붙들고 있지만 정의될 수 없는 충동과 감각적 경험인 모성은 양가적일 뿐만 아니라 비균질적이고 규정될 수 없는 것이어서 그 자체가 글쓰기의 충동과 다르지 않다는 말입니다. 당신의 시에서도 모성은 시의 주제만이 아니라 시 쓰기 행위 그 자체와 연결됩니다. 당신의 시는 존재론적 차

---

2 재클린 로즈, 김영아 역, 『숭배와 혐오—모성이라는 신화에 대하여』, 창비, 2020, 199쪽.

원에서 타인과의 관계를 탐구하곤 하는데, 이 모든 관계의 원형이 모성에 있기 때문입니다. 당신과 내가 이야기하는 모성은 모든 존재를 향해 불어오는 바람처럼 막을 수 없고, 폐부에 들러붙는 대기의 입자처럼 떼어 낼 수 없는 관계 그 자체가 목적입니다. 모성 앞에서 우리는 자신이 다른 존재와 연결되어 있음을 받아들일 수밖에 없습니다.

관계로서 모성은 혈연 같은 것에 얽매이지 않습니다. 오히려 모성 신화의 근거인 혈연적 가족의 경계를 무너뜨립니다. 출가한 딸이 죽은 뒤 홀로 남은 사위를 재혼시키려고 얻는 수양딸을 제주에서는 '움딸'이라고 한다지요. '움딸'을 향해 "내 몸의 물을 간직할 섬"이라고 일컬으며 "숨보다 깊은 물은/상처에서 연록 잎을 돋게 하고 나무를 만든다//발끝부터 몸을 거슬러 오는 물의 속살을/밤새 부벼 주는 섬"(「움딸」)이라 말할 때, 당신의 모성은 살아가기 위해 부대끼는 존재들을 향한 안간힘과 사랑임을 짐작해 봅니다. "서로의 어멍처럼"(「불턱」) 아픈 곳을 품으면서 살아 있도록 돌보는 모성은 특수한 개인과 개인의 관계에만 작용하지 않습니다. 오히려 그것은 세계(타인)와 분리된 주체의 경계를 무너뜨리면서 살아 있는 존재들을 물속처럼 경계 없는 공동체 안으로 끌어들입니다. 해녀들의 공동체에서 보았듯이 모성은 우리가 돌봄의 관계 안에서 존재하며 살아갈 수 있음을 말해 주는 최초이자 최후의 삶의 조건입니다.

삶의 시작과 끝

모성의 공동체는 제주를 지탱해 온 힘입니다. 서로의 어멍이 되어 상처를 품어 주지 않았다면 물질도 삶도 자식을 기르는 일도 가능하지 않았겠지요. 죽음을 수습하는 일도, 애도하고 기억하는 일도 홀로는 감당할 수 없었겠지요. 삶의 조건인 모성의 공동체를 지켜냈기에 그것에 기대어 상처도 죽음도 견딜 수 있었던 거라고 당신은 말해 주고 있습니다. 국가의 이름으로 폭력과 학살이 벌어지고 그 이후로도 침묵을 강요당했던 역사의 참극 앞에서 "두더지"가 되고, "외눈박이"(「빌레못굴」)가 되어야 했던 존재들이 다시 인간이기 위해서 무엇이 필요했겠습니까? 서로를 돌보는 어멍 같은 이웃들이 없었다면 자기 자신이 인간임을 회복하는 일이 어떻게 가능할 수 있었겠습니까? 인간이 사라지고 언어가 사라진 시간을 어떻게 견뎌 왔는지 짐작하기는 어려운 일이지만 이런 질문에 답하듯 당신은 유년 시절 경험한 제주의 장례 풍경을 풀어놓습니다. 한 마을이 같은 날 제사를 지내야 하는 비극을 견디고 인간임을 잃지 않으려는 안간힘이 있었다는 것을 보여 주는 풍경을 말입니다.

집 안 바케쓰와 양푼을 크기별로 모아 놓고 바가
지로 팥죽을 퍼 담았다 바케쓰는 장례를 도와줄 가
까운 친척과 괸당 집, 양푼이는 상두꾼 부탁할 집에
바삐 가져가 상을 알리니 염이 끝나고 상두꾼들은 바
깥채에 빈소를 차리고 마당에 천막 치고 소낭 밭에 토
롱을 만들었다 나는 지네를 잡으러, 할머니는 삭정이
주우러 가던 곳 양지보다 음지가 많은 곳이나 후릿그
물 던져 놓은 듯한 보리밭과 멜 빛 동네를 내려다볼
수 있었다

지관이 언제 왔다 갔을까 4·3 때 할아버지 돌아가
시고 할머니가 재가했던 일이 있어 합장이 안 된다고
했지 안타까운 마음인지 흉인지 모를 소리, 팥죽 먹는
내내 듣다 곡 시간이 되면 얼굴을 가리고 곡을 했네
　　　　　　　　　—「보리 익을 때면 멜 철이다」 부분

　보리가 익고 멸치를 잡는 계절이 돌아올 때마다 제주
사람들은 삶이 얼마나 부질없는지, 인간이 얼마나 연약
한지, 윤리나 도덕이 얼마나 우스운 것인지를 떠올렸을
겁니다. 그 허무를 견디며 인간임을 회복하는 일은 오롯
이 제주 사람들에게 떠넘겨졌고, 진상 규명이 이루어지

기까지 50년 동안 제주에서 살아남은 이들, 가족을 잃은 이들은 어떻게든 기억하기 위해 안간힘을 다했을 겁니다. 부모의 부모에게서 전해져 온 관습에 따라 제사를 지내고 곡을 하고 팥죽을 먹으면서 상실의 슬픔을 견뎠을 겁니다. 그런데 삶을 회복하게 해 준 이 모든 일들은 혼자서는 할 수 없는 공동체의 일입니다. "안타까운 마음인지 흉인지 모를" 듣기 싫은 말조차도 허무를 견디고 삶을 지속하게 해 주는 버팀목이 되어 준 것이지요. 제주의 장례 풍경을 들여다보면서 제주 사람들이 이어 온 관습에는 우리가 인간 공동체임을 확인함으로써 인간의 존엄을 되찾고자 하는 열망이 스며들어 있음을 알게 되었습니다. 우리가 인간이기 위해서 필요한 것은 타인이라는 존재이자 '나'와 타인들이 함께 속해 있을 수 있는 공동체라는 결론에 이르게 됩니다. 학살은 목격자들을 "눈이 있어도 서로를 외면하"고 "서로를 보지 못하"게, 서로를 두려워하게 만들었지만 살아남은 목격자들은 인간을 믿지 못하게 된 두려움과 맞서며 안간힘을 다해 사는 동안 알게 된 것이겠지요. 상처를 안고 살아가는 서로를 "가만히 들여다보"면서 삶과 죽음의 의례를 매개로 고통의 기억을 나눈 이들이야말로 "마을을 받치고 있"(「빌레못굴」)는 삶의 연대임을 말입니다.

당신이 "1947년 3월 1일 제주는 사랑과 이념의 안간힘으로 죽음으로/공포와 탄압을 밀어내기 시작했다"(「엄 밧동산 서녘 밭」)고 썼듯이 제주 사람들은 희생자였던 것만이 아니라 인간성의 상실과 죽음에 대한 두려움을 이겨 내고 삶을 지속하기 위해 안간힘을 다했던 행위자 였습니다. 제주의 "아기는 제 배고픈 울음을/잊고 기억 하고 잊고 기억하는 안간힘으로/하루하루" 자랐고, 그 렇게 새 생명이 자라는 힘으로 "겨울은 봄을 불러" 왔습 니다. 당신이 47년 3월 1일을 기억하라고 힘주어 말하는 건 그런 삶의 의지를 기억하라는 연유일 것입니다. 그날 은 스스로 주권과 권리를 말하는 자들의 봉기가 일어났 고, 미군정과 경찰은 이를 무력으로 진압했습니다. 시위 를 이끈 신념에 찬 이들도, 그저 구경 나온 아이들도 무 력의 대상이 되었습니다.[3] 반공이란 이름의 광기 속에 서 진압은 학살로 화하고 인간(성)은 형해화되었습니다.

그러나 당신은 학살의 역사가 제주 사람들을 희생자 로만 기록하는 것을 거부합니다. 죽음과 침묵만 남은 섬 에서 다시 살기 위해 아이들을 키우며 물질했던 여성들 의 강인함을 보라고, 다른 생명을 위해 학살의 공포와

---

[3] 역사문제연구소 외, 『제주 4·3 연구』, 역사비평사, 1999, 76-78 쪽. 4·3 사건과 연관된 1947년 제주의 3·1 운동은 단독 정부 수 립을 반대하는 시위대의 조직적이고 단결된 의지를 보여 준 사 건으로 평가된다.

삶의 허무마저 툭툭 털어 낸 어머니들의 위대함을 보라고 역설합니다. 죽음의 공포도 상실의 슬픔도 툭 털고 살아 내야 했던 상군 해녀의 기억처럼 제주 여성들은 각자의 슬픔에 빠지지 않고 삶을 이어갔으니까요.[4] 무차별적인 죽음의 시간을 겪고도 삶을 이어가며 죽은 자를 애도하고 다음 세대의 삶을 돌보았던 제주의 어머니와 딸을 어떻게 기억해야 할지 당신은 시로써 우리에게 이야기합니다. 그들의 역사는 핏빛 역사가 아니라 봄을 몰고 오는 유채꽃, 진달래꽃, 가슴 뛰는 빛깔로 역사에 기록되어야 하지 않겠느냐고 눈을 맞추며 말합니다.

그리고 이 모든 것은 모성의 공동체 안에서 일어난 일이었음을 증명합니다. 당신에게 모성은 창조와 파괴의 양가적 욕망을 경험하는 사건이자 서로의 타자성을 극명하게 맞닥뜨리면서도 생명의 연대로 서로를 결속하는 불가해한 충동이지요. 설명과 이해를 지연시키면서

---

4 제주4·3연구소 편, 「물질이 먹여 살렸다」, 『4·3과 여성, 그 살아 낸 날들의 기록―4·3을 뚫고 나온 여성들, 그들이 날것으로 고백하는 최초의 생활사』, 2020, 212-216쪽. "불턱에서는 4·3 사건 일어난 때라도 4·3 사건 이야기는 그다지 하지 않았던 것 같아. 서로가 다 같은 일을 당했고, 슬픈 일인데 말해서 뭣해. 불 쬐면서 채취한 미역이나 소라를 구워 먼저 먹으려고 장난했던 적도 있고, 그냥 집에서 있었던 이야기나 우스갯소리 했어. (…) 4·3 사건 때 사람들이 죽는 건 다른 사람들도 마찬가지, 남들도 하는 일이야."

언어가 닿지 않는 심장에 각인된 모성은 "오늘을 넘겨주면 내일을 넘겨받는 숨"(「끝없는 바람」)처럼 나에게서 너에게로 이어지는 생명의 연대이자 "발이 헛디디며 넘어져도/푸른 물 밖을 벗어나지 않는"(「신비스러운 고독」) 삶의 안전망이기도 합니다. 우리 모두 누군가의 자식인 것처럼 이 안에서는 우리 모두 누군가의 어머니가 되어 타인이 숨 쉴 수 있는 삶의 그물을 만드는 일에 동참하며 살아갑니다. 그 안에서 우리는 누군가의 어머니이고 딸입니다.

모성에 대해서는 아직도 앞으로도 말하지 않은 것이 더 많을 테지만 이것만은 말할 수 있습니다. 모성은 서로를 나의 어멍이며 나의 딸이자 나의 움딸로 여기며 생명과 삶의 연대를 맺는 실천이라는 것. 모성 안에서 우리는 서로가 서로의 삶의 시작이자 삶의 끝이라는 것. 모두의 어머니이자 딸인 당신과 내가 말할 수 있는 것은 이것뿐입니다.

바다는 누가 올려다보나
2025년 9월 30일 1판 1쇄 펴냄

지은이	허유미
펴낸이	김성규
편집	조혜주 최주연 권은하
디자인	신혜연
펴낸곳	걷는사람
주소	경기도 용인시 기흥구 동백중앙로 358-6, 7층 (본사)
	서울 마포구 월드컵로16길 51 서교자이빌 304호 (지사)
전화	031 281 2602 / 02 323 2602
팩스	02 323 2603
등록	2016년 11월 18일 제25100-2016-000083호

ISBN 979-11-7501-010-9 04810
ISBN 979-11-89128-01-2 (세트)

* 이 책은 제주문화예술재단 '2025년 제주문화예술지원사업'의 지원을 받아 발간되었습니다.
* 이 책 내용의 전부 또는 일부를 재사용하려면 반드시 지은이와 출판사의 동의를
  얻어야 합니다.
* 잘못된 책은 교환해 드립니다.